Feliz Navidad

Learning Songs & Traditions in Spanish

by Anna Maria Mahoney

Illustrated by Barb Björnson

Spanish Translation by Martha López-Tolsa and Vidal Guzman

In every country around the world, families and friends gather together during the holiday season to celebrate with special traditions. Many holiday traditions are very similar in different countries, even if the language is not. Food, songs and activities are all part of the festivities, but every country has its own unique traditions which reflect the culture of the people and the language they speak.

With special thanks to Vidal Guzman, Scott Malchow, Mary Jane Alm, Martha López-Tolsa, Michael Makens, Ryan Higbea, Maria Ryan and the Gotitas de Amor.

ISBN-10: 1-59972-060-4
ISNB-13: 978-1-59972-060-9

Text and Translations Copyright © 2006 by Teach Me Tapes, Inc.
6016 Blue Circle Drive, Minnetonka, MN 55343
www.teachmetapes.com

Illustrations Copyright © 2006 by Barb Björnson
Book design by The Design Lab, Northfield, MN

10 9 8 7 6 5 4 3 2

Feliz Navidad

Teach Me...

Index & Song List

SONG **1** Feliz Navidad (*Merry Christmas*)

SONG **2** Canción de Adviento (*The Advent Song*)

SONG **3** Adornemos Nuestras Casas (*Deck the Halls*)

SONG **4** Venid, Adoremos (*O Come All Ye Faithful*)

SONG **5** La Primera Navidad (*The First Noel*)

SONG **6** Felicidad al Mundo (*Joy to the World*)

Leyenda de la Flor de Nochebuena (*The Legend of the Poinsettia*)

SONG **7** La Marimorena (*Traditional Song*)

SONG **8** Jesús en Pesebre (*Away in a Manger*)

SONG **9** Campana Sobre Campana (*Traditional Song*)

SONG **10** Los Peces en el Río (*Traditional Song*)

SONG **11** Canción de las Posadas (*Traditional Song*)

SONG **12** Canción de la Piñata (*The Piñata Song*)

SONG **13** Dale Dale Dale (*Traditional Song*)

SONG **14** Noche de Paz (*Silent Night*)

SONG **15** Noche Sagrada (*O Holy Night*)

SONG **16** A la Nanita, Nana (*Traditional Lullaby*)

SONG **17** Fum Fum Fum (*Traditional Song*)

SONG **18** Cascabel (*Jingle Bells*)

SONG **19** Los Tres Reyes (*We Three Kings*)

SONG **20** El Niño del Tambor (*The Little Drummer Boy*)

SONG **21** Si Quiero Que Haya Paz (*Let There Be Peace on Earth*)

CALENDARIO
de ADVIENTO

¡No puedo creer que mañana sea el primer día del Adviento! A mis hijos les gusta mucho abrir las ventanas del calendario del Adviento y empezar a contar los días hasta que llegue la Navidad. Tenemos muchas costumbres y tradiciones que se pasan de generación a generación. ¡Estas tradiciones hacen el mes de diciembre algo inolvidable!

I can hardly believe tomorrow is the first day of Advent! My children love to open the windows of the Advent calendar and start counting down the days to Christmas. Our family has many customs and traditions which have been passed down from generation to generation. These special traditions make the month of December unforgettable!

SONG 1
Merry Christmas
I want to wish you a Merry Christmas,
I want to wish you a Merry Christmas,
I want to wish you a Merry Christmas,
From the bottom of my heart.

SONG 2
The Advent Song
Advent is a time to wait
Not quite time to celebrate.
Light the candles one by one,
Till the Advent time is done.
Christmas day will soon be here,
Time for joy and time for cheer.

FELIZ NAVIDAD
(Merry Christmas)
Feliz Navidad,
Feliz Navidad,
Feliz Navidad,
Prospero año y felicidad.

SONG 1

CANCIÓN DE ADVIENTO
(The Advent Song)
El adviento va a llegar
Poco tienes que esperar.
Una a una las velitas,
Prende todas muy derechitas.
Nochebuena va a llegar,
Vamos todos a celebrar.

SONG 2

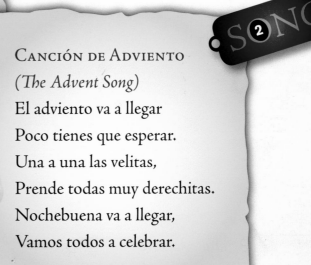

I will always remember how my family celebrated Christmas in Mexico. The preparations for the festivities were almost as exciting as the parties. Each family dedicated many hours decorating their homes with beautiful poinsettias, enormous nativity scenes and bright lights.

SONG 3
Deck the Halls
Deck the halls with boughs of holly
    Fa-la-la-la-la-la-la-la-la.
Tis the season to be jolly
    Fa-la-la-la-la-la-la-la-la.
Don we now our gay apparel
    Fa-la-la-la-la-la-la-la-la.
Troll the ancient Yule tide carol
    Fa-la-la-la-la-la-la-la-la.

SONG 4
O Come All Ye Faithful
O come, all ye faithful, joyful and
    triumphant;
O come ye, O come ye, to Bethlehem.
Come and behold Him, born the
    King of Angels.
O come let us adore Him, O come
    let us adore Him,
O come let us adore Him, Christ the Lord.

Siempre recuerdo como celebramos la Navidad en México. Los preparativos eran casi tan emocionantes como las fiestas. Cada familia dedicaba muchas horas decorando sus casas con bellísimas nochebuenas, enormes nacimientos y brillantes farolitos.

SONG 3

ADORNEMOS NUESTRAS CASAS
(Deck the Halls)
Adornemos nuestras casas
    Fa-la-la-la-la-la-la-la-la.
Que las fiestas ya se acercan
    Fa-la-la-la-la-la-la-la-la.
Con adornos y con cantos
    Fa-la-la-la-la-la-la-la-la.
Celebramos Navidad
    Fa-la-la-la-la-la-la-la-la.

VENID, ADOREMOS
(O Come All Ye Faithful)
Venid, adoremos, con alegre canto;
Venid al pueblecito de Belén.
Hoy ha nacido el Rey de los Ángeles.
Venid y adoremos, venid y adoremos,
Venid y adoremos a Cristo Jesús.

SONG 4

My grandma, Mamá Lupita, always took me shopping at the market. There we found everything we needed for the holiday: ingredients for Christmas dinner, a new figurine for the nativity scene and the piñata for the posada.

Mamá Lupita enjoyed searching through all the flowers until she found the most beautiful poinsettia in the market. On the way home, she would always tell me the Legend of the Poinsettia. Even though I had heard the story many times, no one could tell it like she did!

SONG 5
The First Noel
The first Noel the angels did say,
Was to certain poor shepherds
    in fields as they lay.
In fields where they lay keeping
    their sheep,
On a cold winter's night that was so deep.
Noel, Noel, Noel, Noel.
Born is the King of Israel!

SONG 6
Joy to the World
Joy to the world! The Lord is come
Let earth receive her King.
Let every heart prepare Him room,
And heav'n and nature sing,
And heav'n and nature sing,
And heav'n, and heav'n and nature sing.

Mi abuelita, Mamá Lupita, siempre me llevaba al mercado. Allí encontrábamos de todo para la fiesta: los ingredientes para la comida navideña, una figurita nueva para el nacimiento y la piñata para la posada.

A Mamá Lupita le gustaba buscar entre todas las flores hasta que encontrara la Flor de Nochebuena, más bonita de todo el mercado. De regreso a la casa, siempre me contaba la leyenda de la Flor de Nochebuena. ¡Aunque la he oído muchas veces, nadie la podía contar mejor que ella!

SONG 5

LA PRIMERA NAVIDAD
(*The First Noel*)
La primera Navidad un coro se oyó,
A humildes pastores el cielo cantó.
Y un ángel les habló rodeado de luz,
Anunciando la Natividad de Jesús.
Noel, Noel, Noel, Noel.
¡Hoy ha nacido el Rey de Israel!

SONG 6

FELICIDAD AL MUNDO
(*Joy to the World*)
Felicidad al mundo hoy.
Que ha nacido el Rey.
Cantemos con el coro de los Ángeles.
Adoremos al nuevo Rey,
Adoremos al nuevo Rey,
Adoremos, adoremos, al santo Rey.

Leyenda de la Flor de Nochebuena

Te voy a contar un cuento. Es la leyenda de la flor de Nochebuena.

Hace muchos años, en un pueblito en las montañas de México, una niña pobre, llamada Lucía, se preparaba para ir a la misa de la Nochebuena. Lucía estaba muy triste porque no tenía ningún regalo para ofrecerle al Niño Jesús. Su mamá le dijo que no se preocupara, que se pusiera su vestido más lindo y que dejara de pensar en los regalos. Su mamá le dijo <<El regalo más grande y más hermoso lo llevas en tu corazón>>.

De camino a la iglesia, Lucía iba por el camino de tierra, cuando escuchó la voz de un ángel <<No llores, Lucía. Tu mamá tiene razón. El regalo más grande y más hermoso lo llevas en tu corazón. Ahora, recoge algunas hierbas de aquí del camino y junta un ramo grande para llevar a la iglesia>>. Lucía se sorprendió; ¡las hierbas eran un regalo horrible! Pero ella obedeció y juntó un ramo de hierbas tan grande que necesitaba sus dos brazos para cargarlo.

Siguió su camino a la iglesia sintiéndose avergonzada. Cuando entró podía escuchar a la gente susurrando <<¡Nunca había visto algo igual!>> Al dejar las flores en el altar, se dio cuenta que había sucedido un milagro. El ramo de hierbas tan feas se había convertido en un ramo de bellísimas flores rojas, en forma de estrella. Lucía se arrodilló frente al Niño Jesús y le susurró <<Feliz Navidad Niño Dios>>. En ese momento ella entendió perfectamente lo que su mamá y aquella voz en el camino le habían dicho. El mejor regalo es un regalo del corazón.

La Marimorena
(Traditional Song)

Coro:

Ande, ande, ande la Marimorena.

Ande, ande, ande que es la Nochebuena.

Ande, ande, ande la Marimorena.

Ande, ande, ande que es la Nochebuena.

En el Portal de Belén hay estrellas, sol y luna,

La Virgen y San José, y el Niño que está en la cuna.

Una estrella se ha perdido y en el cielo no aparece,

Se ha metido en el Portal y en su rostro resplandece.

De Oriente salen tres Reyes para adorar al Dios Niño

Una estrella les guiaba para seguir el camino.

Un pastor comiendo sopas en el aire divisó

Un ángel que le decía ha nacido el Redentor.

En el Portal de Belén hacen lumbre los pastores

Para calentar al Niño que ha nacido entre las flores.

Los pastores que supieron que el Niño quería fiesta

Hubo pastor que rompió tres pares de castañuelas.

SONG 1

Legend of the Poinsettia

Many years ago, in a small town in the mountains of Mexico, a poor little girl named Lucía was getting ready for church on Christmas Eve. Lucía was very sad because she had no gift to offer the baby Jesus. Her mother told her not to worry, to put on her prettiest dress and to stop thinking about the gifts. Her mother said, "The greatest and most beautiful gift you have is in your heart."

Lucía was walking down the dirt road on her way to church when she heard an angel's voice: "Lucía, don't cry, your mother is right. The greatest and most beautiful gift you have is in your heart. Now pick up some weeds from the road and make a big bouquet to bring to the church." Lucía was surprised by the angel's advice; the weeds were a horrible gift! But she obeyed and gathered a bouquet of weeds so big that she needed both arms to carry it.

She continued to walk toward the church feeling ashamed. When she entered, she could hear people whispering, "I've never seen anything like that!" As she set the weeds on the altar she realized that a miracle had happened before her very eyes. The ugly weeds had turned into a beautiful bouquet of star-shaped red flowers. Lucía knelt by the manger and whispered: "Merry Christmas Baby Jesus." It was at that moment that she understood exactly what her mother and the voice on the road had said. The best gift comes from deep within your heart.

11

The nativity scenes in Mexico have always been an important part of the Christmas tradition. Every family had its own special way of arranging the nativity scene. The scenes were incredible and had figures of all different sizes. In the center was the manger with Mary and Joseph, surrounded by shepherds, people and all kinds of animals.

SONG 8
Away in a Manger
Away in a manger, no crib for His bed,
The little Lord Jesus laid down His sweet head.
The stars in the sky, looked down where He lay,
The little Lord Jesus asleep on the hay.

Los nacimientos en México eran un elemento importante de la tradición navideña. Cada familia tenía su propio estilo de poner el nacimiento. Los nacimientos eran increíbles y tenían escenas y figuras de todos tamaños. En el centro había el pesebre con Maria y José, rodeados de pastores, gente y animales de todos tipos.

SONG 9

CAMPANA SOBRE CAMPANA
(Traditional Song)
Campana sobre campana,
Y sobre campana una,
Asómate a la ventana,
Verás el Niño en la cuna.

Coro:
Belén, campanas de Belén.
¿Qué los Ángeles tocan?
¿Qué nuevas me traéis?
    Recogido tu rebaño
    ¿A dónde vas pastorcillo?
    Voy a llevar al portal
    Requesón, manteca y vino.
Belén, campanas de Belén.
¿Qué los Ángeles tocan?
¿Qué nuevas me traéis?

Campana sobre campana,
Y sobre campana dos,
Asómate a esa ventana,
Porque está naciendo Dios.

JESÚS EN PESEBRE
(Away in a Manger)
Jesús en pesebre, sin cuna, nació;
Su tierna cabeza en heno durmió.
Los astros, brillando, prestaban su luz
Al niño dormido, pequeño Jesús.

SONG 8

En mi casa el nacimiento era enorme. Lo poníamos sobre una mesa muy grande. Algunas figuras las comprábamos en el mercado y otras las hacíamos nosotros. Mamá Lupita no podía amontonar más figuras en el nacimiento. Mi favorita siempre fue la Virgen María que yo misma hice con barro cuando tenía nueve años.

At my house, the nativity scene was huge. It took up almost half of the living room. We set it up on a large table. Some figures we had bought at the market and others we made ourselves. Mamá Lupita could not help adding more figurines to the already crowded scene. My favorite was always the Virgin Mary I made from clay when I was nine.

Cada año esperábamos con ansia para ver las pastorelas en el teatro o en la escuela. Las pastorelas cuentan el trayecto de los pastores al tratar de llegar al pesebre para ver al Niño Jesús. Los pastores encuentran las trampas que el diablo les pone en el camino y los obstáculos para hacerlos desistir y llegar a la adoración del Niño Jesús. Están llenas de canciones y cuentos que hacen reír, y siempre tienen buenos resultados y están llenos de buenos deseos.

Each year we looked forward to seeing the pastorelas at the theater or school. These are plays that tell the story of the shepherds as they journey to reach baby Jesus. The shepherds encounter many tricks set by the devil and obstacles to stop them from bringing gifts and adoration to baby Jesus. They are filled with songs and stories that make you laugh and always have a happy ending filled with good wishes.

SONG 10

Los Peces en el Río
(Traditional Song)

La Virgen se está peinando,
Entre cortina y cortina.
Los cabellos son de oro,
Y el peine de plata fina.

Coro:
Pero mira como beben,
Los peces en el río.
Pero mira como beben,
Por ver al Dios nacido.
Beben y beben y vuelven a beber,
Los peces en el río,
Por ver a Dios nacer.

La Virgen lava pañales,
Y los tiende en el romero.
Los pajaritos cantando,
Y el romero floreciendo.

(Coro)

La Virgen va caminando,
Va caminando solita.
Y no lleva más compañía,
Que el niño de la manita.

(Coro)

Each night, during the nine nights before Christmas, we celebrated with a posada. A posada is a party where family and friends gather to celebrate and sing the letanía. The letanía is the traditional posada song that tells the story of Mary and Joseph looking for shelter.

The guests at a posada are split into two groups and take turns singing their part of the letanía. The people outside the house are called the peregrinos, they ask for shelter from the people inside, called the innkeepers. I always preferred to be with the peregrinos because two people were chosen to carry the figures of Mary and Joseph and the rest carried a little candle.

Cada noche, durante las nueve noches antes de Navidad, celebramos con una posada. La posada es una fiesta en la que se reúnen familiares y amigos para celebrar y cantar la letanía. La letanía, es la canción tradicional de la posada que cuenta la historia de María y José buscando albergue.

SONG 11

CANCIÓN DE LAS POSADAS

(The Posada Song)

Los Peregrinos
(The Pilgrims Outside)
En el nombre del cielo
os pido posada
pues no puede andar
mi esposa amada.

> Los de Adentro
> *(The Innkeepers Inside)*
> *Aquí no es mesón,*
> *sigan adelante*
> *yo no puedo abrir,*
> *no sea algún tunante.*

Los invitados se dividen en dos grupos y toman turnos cantando la letanía. El grupo de afuera, los peregrinos, son los que piden posada. El otro grupo, los de adentro, son los que dan posada. Yo prefería estar con el grupo de los peregrinos porque a dos personas les tocaba cargar las figuras de María y José y a los demás una velita prendida.

No seas inhumano,
denos caridad,
que el Dios de los cielos
te lo premiará.

> *Ya se pueden ir*
> *y no molestar*
> *porque si me enfado*
> *os voy a apalear.*

Venimos rendidos
desde Nazaret,
yo soy carpintero
de nombre José.

> *No me importa el nombre,*
> *déjenme dormir,*
> *pues que yo les digo*
> *que no hemos de abrir.*

Posada te pide,
amado casero,
por sólo una noche
la Reina del Cielo

> *Pues si es una Reina*
> *quien lo solicita,*
> *¿Cómo es que de noche*
> *anda tan solita?*

Mi esposa es María,
es Reina del Cielo
y madre va a ser
del Divino Verbo.

> *¿Eres tú José?*
> *¿Tu esposa es María?*
> *Entren, peregrinos,*
> *no los conocía.*

Al Abrir las Puertas – Todos
  Cantemos
(Open the doors—Everyone sings)
Entren, santos peregrinos,
  peregrinos
Reciban este rincón,
Aunque es pobre la morada,
Se las doy de corazón.

17

Once the door opened the peregrinos were invited inside and offered a little basket of candy. After drinking hot punch and eating delicious tamales and sticky buñuelos, the children could not wait to break open the piñata. My dad would line the children up by height, the smallest ones in front. We took turns wearing the blindfold and trying to break open the piñata with a stick.

Once the piñata was broken, the fruits, sugar canes and candy scattered everywhere! The children dove into the pile of treasures with hands wide open. The party ended with fireworks and sparklers! I can still feel my sticky fingers from the buñuelos and the smell of the burnt powder from the sparklers.

Los de adentro invitaban a los peregrinos a pasar y les ofrecían una canastita con dulces. Después de tomar ponche caliente y comer deliciosos tamales y buñuelos pegajosos, los niños no pueden esperar más para romper la piñata. Mi papá formaba a los niños por estaturas, los más chiquitos hacia adelante. Tomábamos turnos para darle a la piñata con un palo y los ojos vendados.

Cuando se rompía la piñata, las frutas, las cañas de azúcar y los dulces ¡se regaban por todos lados! Los niños se aventaban al montón de tesoros con las manos bien abiertas. La fiesta terminaba con fuegos artificiales y luces de bengala. Aún puedo sentir mis dedos pegajosos por los buñuelos y puedo oler la pólvora quemada de las luces de bengala.

Canción de la Piñata
(The Piñata Song)
Ándale Carmen,
No te dilates,
Con la canasta
De los cacahuates.
　Anda María
　Sal del rincón,
　Con la canasta
　De la colación.
No quiero oro
Ni quiero plata
Yo lo que quiero,
Es romper la piñata.
　Echen confeti,
　Y canelones,
　A los muchachos
　Que son muy tragones.

SONG 12

Dale Dale Dale
(Traditional Song)

Dale, dale, dale,　　　Ya le diste una,
No pierdas el tino,　　Ya le diste dos,
Porque si lo pierdes,　Ya le diste tres,
Pierdes el camino.　　Y tu tiempo se acabó.

SONG 13

NOCHE DE PAZ
(Silent Night)
Noche de paz, noche de amor,
Todo duerme en rededor.
Todos sueñan en la oscuridad
Bella anunciando al Niño Jesús.
Brilla la estrella de paz,
Brilla la estrella de paz.

SONG 14

La Nochebuena era la mejor posada de todas. Toda mi familia se reunía en casa de Mamá Lupita para la cena de Navidad. Ella pasaba varios días con mis tías preparando la comida. Ponía al centro de la mesa su flor de Nochebuena favorita y pequeñas velitas que alumbraban la comida haciendo que el pavo se viera delicioso. Cuando era niño, me daba miedo probar toda esa comida, pero hoy ¡daría cualquier cosa por una probadita!

Christmas Eve was the best posada of all. Everyone in my family gathered at Mamá Lupita's house for Christmas dinner. She spent days preparing the different foods with my aunts. At the center of the table she put her favorite poinsettia and tiny little candles that lit up the food making the turkey look delicious. When I was little, I was afraid to try all those fancy dishes, but today I would give anything for just a little bite!

SONG 14
Silent Night
Silent night, Holy night,
All is calm, all is bright.
Round yon virgin Mother and Child
Holy infant so tender and mild.
Sleep in heavenly peace,
Sleep in heavenly peace.

SONG 15
O Holy Night
O holy night, the stars are brightly shining
It is the night of the dear Savior's birth.
Long lay the world in sin and error pining
Till he appeared and the soul felt its worth.
A thrill of hope, the weary world rejoices,
For yonder breaks a new and glorious morn.
Fall on your knees, O hear the angel voices.
O night divine, O night when Christ was born,
O night divine, O night, O night divine.

Noche Sagrada
(O Holy Night)
O santa noche, noche tan serena,
Tan bella cuando nació nuestro Rey.
El santo Rey Jesús, que vino al mundo
A darnos paz, esperanza y amor.
El dulce niño, príncipe celeste,
Divino Rey Jesús, el salvador.
Noche gloriosa, noche maravillosa,
O noche de amor, O noche divina,
O noche de paz, O noche de amor.

I remember the first time my parents let the children go to Midnight Mass, also known as the Rooster Mass. This service was special because it was at midnight and the mariachi band played the music. When we returned home from church, we all sang softly as we pretended to rock the baby Jesus to sleep. My cousin Sophia, because she was the oldest, was chosen to put the figure of baby Jesus in the manger.

December 25th was a very relaxing day. I remember this as the day of the recalentado because we reheated the leftover food from Christmas Eve. The house was once again filled with the warm aroma of the meal. Mmmmm!

SONG 18
Jingle Bells
Jingle bells, jingle bells, jingle all the way
Oh what fun it is to ride in a one horse
    open sleigh!

Recuerdo la primera vez que nos llevaron a Misa de Gallo. Esta misa era especial porque era a la media noche y la música la tocan los mariachis. Al regresar de la iglesia, cantamos quieto y arrullamos al Niño Dios. A mi prima Sofía, por ser la más grande, le tocó poner al Niño Dios en el pesebre.

El 25 de diciembre era un día muy tranquilo. Lo recuerdo como el día del recalentado porque se vuelve a calentar la comida que sobra de la Nochebuena. La casa se vuelve a impregnar del cálido aroma de la comida. ¡Mmmmm!

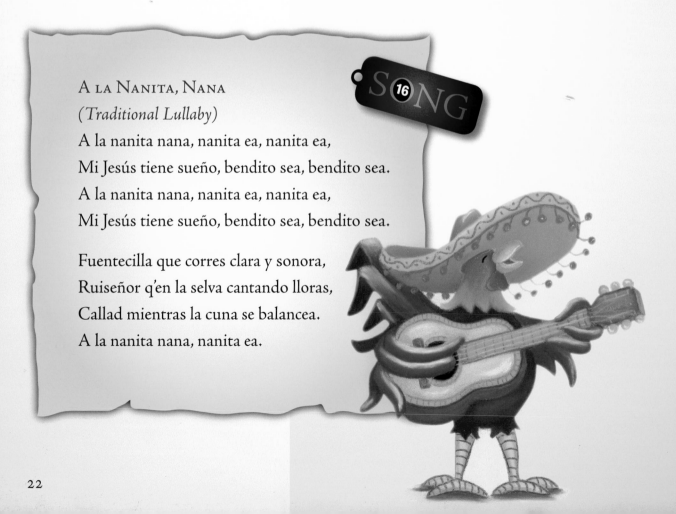

A LA NANITA, NANA
(Traditional Lullaby)
A la nanita nana, nanita ea, nanita ea,
Mi Jesús tiene sueño, bendito sea, bendito sea.
A la nanita nana, nanita ea, nanita ea,
Mi Jesús tiene sueño, bendito sea, bendito sea.

Fuentecilla que corres clara y sonora,
Ruiseñor q'en la selva cantando lloras,
Callad mientras la cuna se balancea.
A la nanita nana, nanita ea.

SONG 16

SONG 17

FUM FUM FUM
(*Traditional Song*)
Veinticinco de diciembre,
Fum, fum, fum.
Veinticinco de diciembre,
Fum, fum, fum.

Como un sol nació Jesús,
    radiando luz.
De María era hijo; un establo
    fue su cuna,
Fum, fum, fum.

SONG 18

CASCABEL
(*Jingle Bells*)
Cascabel, cascabel, suena el cascabel
Este día en trineo, vamos a pasear.

Navidad, Navidad, hoy es Navidad
Es un día de alegría y felicidad.

Aunque se hablaba de Santa Claus, él no era parte de nuestras tradiciones Navideñas. Nosotros esperábamos hasta el Día de los Reyes, el seis de enero, para recibir los regalos que los reyes nos traían. La noche antes de la Epifanía les escribíamos una carta a los Reyes Magos contándoles de nuestras excelentes notas y nuestro buen comportamiento. Después poníamos las cartas afuera con nuestros zapatos y durante el quieto de la noche Melchor, Gaspar y Baltasar nos dejaban los más increíbles regalos.

Even though we talked about Santa Claus when I was growing up, he was not part of our Christmas traditions. We waited until the Three Kings Day on January 6th, also called the Epiphany, to receive our gifts. The night before Epiphany we would write a letter to the Three Kings boasting of our excellent grades and good behavior. Then we placed our letters with our shoes outside and in the quiet of the night Melchor, Gaspar and Balthazar left us the most wonderful gifts!

SONG 19
We Three Kings
We three kings of Orient are
Bearing gifts we traverse afar
Field and fountain, moor and mountain
Following yonder star.

O star of wonder, star of light,
Star with royal beauty bright,
Westward leading, still proceeding,
Guide us to thy perfect light.

LOS TRES REYES
(*We Three Kings*)
¡Somos tres Reyes, del Oriente!
Lejos nuestra patria está.
Siempre vimos y seguimos
La estrella que nos guió.

¡O, astro lleno de amor,
De belleza y fulgor!
Tu camino nos conduce
Al eterno esplendor.

SONG 19

On this night we would gather with our neighbors to share the Three Kings Cake and drink hot chocolate. The cake always had hidden miniature figurines of baby Jesus. The best cakes were covered with colorful dried fruits. They looked like the jewels of the Three Kings! We all wanted the largest piece hoping to get one of the figurines!

Esa noche nos reuníamos con nuestros vecinos para partir la rosca de reyes y tomar chocolate caliente. La rosca siempre tiene escondido muñequitos del Niño Jesús. Las mejores roscas están cubiertas con frutas secas de muchos colores. ¡Parecen las joyas de los Reyes Magos! Todos pedíamos el pedazo de rosca más grande esperando que nos tocara el muñequito.

El Niño del Tambor
(*The Little Drummer Boy*)

El camino que lleva a Belén
Baja hasta el valle que la nieve cubrió.
Los pastorcillos quieren ver a su rey
Le traen regalos en su humilde zurrón.
Ro po pom pom,
Ro po pom pom.
Ha nacido en un portal de Belén
El Niño Dios.

Yo quisiera poner a tus pies
Algún presente que te agrade Señor.
Mas tú ya sabes que soy pobre también
Y no poseo más que un viejo tambor.
Ro po pom pom,
Ro po pom pom.
Tocaré para ti una bella canción
En mi tambor.

El camino que lleva a Belén
Yo voy marcando con mi viejo tambor.
Nada mejor hay que yo pueda ofrecer
Su ronco acento es un canto de amor.
Ro po pom pom,
Ro po pom pom.
Cuando Dios me vio tocando ante El
Me sonrió.

Las tradiciones navideñas son diferentes en cada familia y van cambiando con el tiempo. Hoy día empezamos la temporada con el calendario del Adviento, cantamos canciones nuevas y hasta recibimos regalos de Santa Claus el día 25. Pero para mí, las tradiciones antiguas que se pasan de generación a generación son las que siento en mi corazón, las comparto con mi familia y llenan la temporada con paz, amor y felicidad.

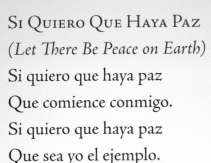

Si Quiero Que Haya Paz
(Let There Be Peace on Earth)

Si quiero que haya paz
Que comience conmigo.
Si quiero que haya paz
Que sea yo el ejemplo.
   Con Dios nuestro padre
   Somos una hermandad.
   Caminemos juntos
   En perfecta armonía.
Que siempre haya paz
Logrémoslo ahora.
Con todos mis pasos
Que sea mi juramento:
   Tomar los momentos, vivir los momentos,
   Vivirlos eternamente.
   Si quiero que haya paz
   Que comience conmigo.

Christmas traditions are different for every family and they evolve over time. Today the Christmas season starts with Advent; we sing new songs and even get presents from Santa on Christmas day. But for me, the old traditions passed on from generation to generation are the ones that I hold in my heart, share with my family and fill the season with peace, love and joy.

SONG 21
Let There Be Peace on Earth
Let there be peace on earth
And let it begin with me.
Let there be peace on earth
The peace that was meant to be.
   With God as our Father
   Children all are we.
   Let us walk with each other
   In perfect harmony.
Let peace begin with me
Let this be the moment now;
With every step I take
Let this be my solemn vow:
   To take each moment and live
     each moment
   In peace eternally.
   Let there be peace on earth
   And let it begin with me.

Sharing recipes is another way to pass down traditions from generation to generation. Celebrate the season with a few of Mamá Lupita family recipes.

Rosca de Reyes (Three Kings Cake)

Latin culture celebrates the Day of the Kings, or Epiphany, on January 6 to commemorate the day the Magi arrived bearing gifts. The holiday is observed by making and eating a sweet yeast bread with tiny figurines (or dried beans) hidden in the cake representing baby Jesus. If you get a slice with the "baby" you will have good luck all year.

Ingredients:
1 package active yeast
¼ cup warm water
1 tsp. sugar
2/3 cup sugar
1/16 tsp. cinnamon
¾ cup unsalted butter, softened
4 eggs
1 tsp. salt
4 cups flour (plus extra for preparation)
Figurines or dried beans
¼ cup crystallized sugar (clear or colored)
Candied fruit for decoration

1. Combine yeast, ¼ cup water and 1 tsp. sugar in a small bowl, stirring until dissolved. Set aside until proofed, about 10 minutes.
2. In a large mixing bowl combine 2/3 cup sugar and ¾ cup softened butter and mix until creamed together. Add salt, eggs and yeast mixture and blend thoroughly.
3. Beat in half the flour to make a smooth batter; add rest of the flour gradually to make soft, sticky dough.
4. Turn dough onto floured bread board and knead about 8 minutes until smooth and elastic. (May be mixed in standing mixer using dough hooks.)
5. Round into ball and place in a warm buttered bowl; cover loosely with plastic wrap and let rise until doubled, about 2 hours.
6. Remove and place on large baking sheet forming the dough into a large oval shape, like a wreath with a large hole in the middle. Cover and let rise until doubled, about an hour.
7. Decorate with ¼ cup crystallized sugar and candied fruits as desired. Hide figurines in dough.
8. Bake 30 minutes in pre-heated 350° oven or until golden brown.
9. Remove and let cool on wire rack.
10. Serve with Mexican Hot Chocolate and enjoy!

Chocolate Caliente (Mexican Hot Chocolate)

Ingredients:
2 tablets of Nestle's ABUELITA chocolate tablets, broken into small pieces
8 cups of hot milk
Sugar to taste
Cinnamon sticks

Bring milk to slow boil in sauce pan over medium heat. Add in chocolate pieces and stir until melted. Add sugar to taste, if needed. Serve hot with cinnamon sticks.

Buñuelos (Mexican Fritters)

This sweet bread is always one of the family favorites. It can be served drizzled with warm honey.

Ingredients:
4 cups all purpose flour
2 Tbsp. sugar
1 tsp. baking powder
2 tsp. salt
2 large eggs, well beaten

¾ to 1 cup milk
¼ cup melted butter or margarine
Vegetable oil for deep frying, heated to 350°
½ cup sugar with 2 Tbsp. cinnamon mixed
   to taste

1. Mix flour, sugar, baking powder and salt in a bowl and set aside.
2. Beat eggs and ¾ cup of milk in a small bowl, and then stir mixture into flour mixture. Add the melted butter and continue to mix ingredients. *Add 1-2 Tbsp. of milk, as needed, if dough is hard to handle.
3. Turn the dough out onto a lightly floured surface and knead for 1-2 minutes, until smooth.
4. Divide the dough into 20-24 pieces and roll into balls; cover with a cloth and let stand 20 minutes.
5. On a lightly floured surface, roll each ball into 4-6 inch round pieces. Let each stand for 5 more minutes.
6. Fry each buñuelo in hot oil until each side is lightly browned. Drain on absorbent paper.
7. Sprinkle with sugar and cinnamon mixture while still warm.

Vocabulario Vocabulary

Spanish	English
Feliz	Happy
Navidad	Christmas
Nacimiento	Nativity scene
farolitos, velitas	little candles
ángel	angel
pastor	shepherd
peregrinos	pilgrims
fiestas	parties, festivities
posada	inn
mundo	world
Rey	King
flor	flower
Flor de Nochebuena	Flower of Christmas Eve (Poinsettia)
leyenda	legend
regalo	gift
corazón	heart
un ramo de hierbas	a bouquet of weeds
pesebre	manger
astros, estrellas	stars
música	music
canción	song
letanía	traditional Spanish song
villancicos	traditional Christmas carols
cielo	heaven, sky
paz	peace
amor	love
felicidad	joy
iglesia	church building
misa	mass or church service
los Tres Reyes/Reyes Magos	The Three Kings
Rosca de Reyes	Three Kings Cake
muñequitos	tiny figurines
tambor	drum
alegría	happiness, joy
receta	recipe
favorita	favorite
albergue	shelter